“一带一路”上的奇珍异宝（上）

YIDAIYILU SHANG DE QIZHEN YIBAO

丛书主编 / 王义桅

分册主编 / 李妍　孙明慧

新世界出版社
NEW WORLD PRESS

图书在版编目（CIP）数据

“一带一路”上的奇珍异宝. 上 / 李妍，孙明慧分册主编. --北京 : 新世界出版社，2017.8（2019.6重印）
（“一带一路”读本 / 王义桅主编）
ISBN 978-7-5104-6399-0

Ⅰ. ①一… Ⅱ. ①李… ②孙… Ⅲ. ①“一带一路”－国际合作－青少年读物 Ⅳ. ①F125-49

中国版本图书馆CIP数据核字(2017)第219239号

“一带一路”上的奇珍异宝（上）

作　　者：李　妍　孙明慧
责任编辑：曲衍立
责任印制：王宝根　章莹莹
出版发行：新世界出版社
社　　址：北京西城区百万庄大街24号(100037)
发 行 部：(010)6899 5968　(010)6899 8705（传真）
总 编 室：(010)6899 5424　(010)6832 6679（传真）
http://www.nwp.cn
http://www.nwp.com.cn
版 权 部：+8610 6899 6306
版权部电子信箱：nwpcd@sina.com
印　　刷：合肥华云印务有限责任公司
经　　销：新华书店
开　　本：787mm×1092mm 1/16
字　　数：65千字　　　印　　张：4.5
版　　次：2017年8月第1版　2019年6月第2次印刷
书　　号：ISBN 978-7-5104-6399-0
审 图 号：GS（2018）3692号
定　　价：13.50元

我们与收入本书的作品（包括图片、画作）的作者进行了广泛联系，得到了他们的大力支持。对此，我们表示衷心感谢。但仍有部分作者，未能联系上。烦请作者与我们联系，以便支付稿酬。

前　言

同学们，今天，如果你们去欧洲、非洲的国家旅游，会选择什么样的交通工具呢？

是飞机，是火车，还是豪华游轮？

不管选择哪一种，便捷高效的交通，都将远在天边的国家，变得似乎近在咫尺，也将我们的地球，变成了一个地球村。

但是，你们有没有想过，在古代，陆上丝绸之路上黄沙漫天，马儿和骆驼驮着我们的使者，一步步走向西域；海上丝绸之路上海浪翻滚，水手驾着木质的帆船，乘风破浪，历尽千辛，驶向遥远的彼方。在他们眼里，世界是那么大，路途是那么远。

是什么，让他们勇于踏上征程？他们的行囊里有什么珍贵宝藏？遥远的国度又是何等模样？

是什么，让他们拍手称奇，让他们停下脚步，沉醉在异国他乡？

又是什么，跟随着西去东来者的脚步，在异国他乡留下自己的印记，又或是落地生根，盛开文明之花？

这套书会一一为你解答。

漫漫丝路，孕育的不仅仅是一片片繁荣的乐土，还有“和平合作、开放包容、互学互鉴、互利共赢”的丝路精神。放眼今日，也许曾经喧闹的商路已经变得人迹罕至，也许曾经繁华的市镇已经变了模样，但是丝路精神，依旧长盛不衰，源远流长。它融进了21世纪“一带一路”的建设中，为古代丝绸之路注入新的活力。

假期伊始，我们的小主人公洋洋和丫丫，跟随着博学多识的卡尔叔叔，开启了一段别开生面的丝路之旅。爱好阅读的洋洋，这次不仅要读万卷书，也要行万里路了！对世界充满好奇的丫丫，在沿途又会有什么新的发现呢？

快和我们的主人公一起，去探访丝路上的秘密，看看古代丝路商旅、使者眼中的世界，感受这条千年商路的变迁。在图文并茂的阅读体验中，开阔眼界，增长知识；在“知识链接”的帮助下，排疑解难，加深理解；在“课后思考”的指引下，深入思考，探寻真知。

还等什么，快打开这本书吧！

目录

引言 1

第一课 传播知识的珍宝——纸 6

第二课 伟大的发明——造纸术 13

第三课 神奇的印刷术 20

第四课 扬帆起航——中国帆船 26

第五课 海上识方向——指南针 33

第六课 镇船之宝——瓷器 39

第七课 休息一下，品味茶香 46

第八课 珍贵的香料 55

第九课 波斯地毯和美酒 61

引　言

暑假到了，窗外烈日高照，树上的知了正欢快地唱着歌。屋子里，丫丫坐在沙发上，一边吃着雪糕，一边看着电视。一旁的洋洋一点儿也没闲着，不停地翻箱倒柜，把玩具摆了一地。

这时，丫丫注意到主持阿姨反复提起一个词语——“一带一路”，不禁皱起了眉头，转过头，疑惑地问道：“洋洋，什么是‘一带一路’啊？”

洋洋想了想，说：“这个还真难不倒我！‘一带’是丝绸之路经济带，‘一路’是21世纪海上丝绸之路。这是咱们国家主席习爷爷，在2013年访问中亚和东南亚国家的时候，提出的两项重大经济倡议，合在一起就是‘一带一路’。”

“丝绸之路经济带？21世纪海上丝绸之路？这些又是什么？”丫丫继续问道。

“这我可就没那么清楚喽！”洋洋继续翻着自己的玩

具，“丫丫，我们的暑假作业，就是要在开学的时候带上自己最喜欢的三件‘宝贝’，还要跟同学们分享这些宝贝的故事，你的找好了吗？”

“暑假还长着呢。”丫丫还在盯着电视看，“我要在假期里好好准备一下我的‘宝贝’。不过，我还是想知道什么是丝绸之路，难道那条路都是用丝绸铺成的吗？”

“我敢肯定不是用丝绸铺的。丝绸可贵了！”洋洋笑着说，“要不然，咱们去问问卡尔叔叔吧，他可是什么都知道呢！”

就在这时，卡尔叔叔推门进来了。他神秘地一笑，然后坐下说：“你们聊天我都听到啦！我先给你们讲讲古代的丝绸之路吧。

“几千年以前，我国的古人们就开始和西域——就是现在的新疆和它西边的一些地方——做起了小规模的买卖。那时候没有现成的路，到处是高山、荒原；也没有现代的交通工具，只能靠人，或者靠牛、马、骆驼等牲畜来运输。要完成远距离的行程，非常不容易。

“但是，没有什么能够阻挡古人对远方的向往，他们一步一个脚印，冒着霜露，披荆斩棘，开拓道路。数千年的时光里，慢慢形成了一条连接古代中国与中亚、南亚、西亚，以及欧洲和非洲的贸易通道。由于在这条路上，人们做的主要生意就是丝绸买卖，所以后来，这条路就被叫作丝绸之路。”

卡尔叔叔边说边用手比画，就像在空中画出了一幅画。

丫丫听得入了迷，不由得赞叹道：“古人好厉害！”洋洋也被吸引了过来，安静地坐到了沙发上。

“在丝绸之路上，人们不仅做生意，还互相交流和了解。”卡尔叔叔继续说，“所以，东西方的文化在丝路上碰撞、交融，孕育出了瑰丽灿烂的丝路文明，还使东西方能够互相学习对方的优点，各自的文明也成长得更快了！”

"原来丝绸之路有这么重要的作用！"洋洋领悟道，然后眼珠子一转，"那海上丝绸之路是不是就是海上连接东西方的通道？"

"没错！古人们还开通了从海上去往西方的航路，这些航路后来合起来被叫作'海上丝绸之路'。"卡尔叔叔答道，"而丝绸之路经济带和21世纪海上丝绸之路，简单地说，就是要让丝路周边再次联通起来。我们中国提出'一带一路'，就是要和丝路周边的国家成为友好的伙伴，加深交流和了解，共同发展和进步。"

丫丫眼睛一亮，笑嘻嘻地说："啊，我明白了！这就像是我和洋洋，还有其他朋友们，一起学习、相互帮助、共同成长一样，对不对？"

“没错，就是这么回事。”卡尔叔叔点点头，“你们如果想了解更多‘一带一路’的知识，咱们不如就亲眼去瞧一瞧吧！丝绸之路上的奇珍异宝可不少！”

洋洋一听，连忙从沙发上蹦了起来，喊道：“卡尔叔叔，您说的是真的吗？那能带我们去找这些奇珍异宝吗？”

“可以呀。你们想去吗？”卡尔叔叔故作神秘地问道。

“当然想！”他们叫道。

“那咱们就准备出发吧！”

dì yī kè chuán bō zhī shi de zhēn bǎo zhǐ
第一课 传播知识的珍宝——纸

kǎ ěr shū shu dài zhe yáng yang hé yā ya lái dào kè tīng tā shú liàn de dǎ
卡尔叔叔带着洋洋和丫丫来到客厅。他熟练地打
kāi shí kōng chuān suō jī bìng dīng zhǔ yáng yang yǔ yā ya yí huìr wǒ men huì chuān
开时空穿梭机，并叮嘱洋洋与丫丫：“一会儿我们会穿
suō dào gǔ dài tàn xún yí dài yí lù shàng de qí zhēn yì bǎo nǐ men liǎng gè
梭到古代，探寻‘一带一路’上的奇珍异宝。你们两个
yí dìng yào gēn jǐn wǒ tīng cóng wǒ de zhǐ huī
一定要跟紧我，听从我的指挥。”

kǎ ěr shū shu nín jiù fàng xīn ba wǒ men yòu bú shì dì yī cì shí kōng
“卡尔叔叔，您就放心吧！我们又不是第一次时空
lǚ xíng la wǒ men yí dìng huì zuò wén míng de xiǎo yóu kè yā ya huí dá dào
旅行啦！我们一定会做文明的小游客！”丫丫回答道。

bù yí huìr shí kōng chuān suō jī jiù chōng mǎn le diàn wēng wēng de děng
不一会儿，时空穿梭机就充满了电，“嗡嗡”地等
dài zhe zhǔ rén àn xià chū fā jiàn kǎ ěr shū shu dàn dìng de àn xià àn niǔ sān gè
待着主人按下出发键。卡尔叔叔淡定地按下按钮，三个
rén yí xià zi jiù cóng kè tīng xiāo shī le
人一下子就从客厅消失了。

卡尔叔叔三个人来到了南宋时期的泉州港。看着码头边密密麻麻的人群和停靠的大木船，洋洋忍不住问：“卡尔叔叔，我们不是要去‘一带一路’上寻宝吗？怎么来到了海港呀？”

卡尔叔叔回答说：“我们这一次，要先乘船探访‘海上丝绸之路’。我们的目的地是遥远的波斯！抵达以后，再走陆上丝绸之路。不过在出发之前，我们要先去找一样宝贝。”

“什么宝贝？”听到“宝贝”两个字，洋洋和丫丫眼睛都发光了。

“跟上我，待会儿你们就知道了！”卡尔叔叔卖了一个关子，带着俩孩子往城内走去。

没过多久，在一个平坝里，他们看见了一排排立着的、像白布一样的东西。旁边的人拿着一个带底的方框，从一个池子里捞出了一层“白布”，沥干水后，又摆成排。

“那是在晒纸吧，卡尔叔叔？”洋洋问道。

“没错。”卡尔叔叔点点头，指着纸说道，“我们要找

的宝贝，就是它了。"

"找纸？纸算什么宝贝？不是到处都有吗？"丫丫很惊讶。

"我带你们来找纸，一是因为我手里有一份寻宝地图，想在纸上给你们一人复制一份，毕竟我这张地图非常珍贵，可不能弄坏了；二是因为纸是我们生活中不可缺少的东西。你们想一下，要是没有纸的话，生活会变成什么样子。"卡尔叔叔说道。

"没纸的话，就没书，没报纸，没地方写字，没地方画画，连卫生纸都没得用……"丫丫没想多久，就狠狠地摇了摇头，"真是太可怕了！"

"所以，千万别因为一个东西常见，就小瞧了它！"卡尔叔叔说道，"那你们知道在没有纸的时代，人们把字写在什么上面吗？"

"竹简！"丫丫抢先答道。

"龟甲，还有兽骨。"洋洋不甘示弱。

"知道得挺多呀！"卡尔叔叔夸奖道，"古时候，人们找来龟甲和兽骨，在上面刻字，来记录发生的事情。这种字叫甲骨文，跟咱们现在看到的文字是不一样的。"

知识链接

zhī shi liàn jiē

甲骨文——我国的一种古老文字，是汉字的早期形式，因刻在龟甲、兽骨上而得名，距今已有三千多年。

青铜器

“我知道，现在的汉字是从甲骨文演变来的。”丫丫有些得意地说。

“丫丫说得没错！”卡尔叔叔说道，“后来，人们学会了做青铜器。他们就把文字先刻在模具上面，再把青铜烧化，浇在模具里面。等液体冷了变硬，青铜器就做出来了，文字也就附在了上面。”

“古人真有办法，不过听起来好麻烦啊！”丫丫说道。

“是啊，不管是甲骨还是青铜器，在上面写字都不容易。甚至呢，那些字并不能算是写上去的。”卡尔叔叔说道，“在纸发明之前，古人用得最多的是丫丫说到的竹简。你们知道是为什么吗？”

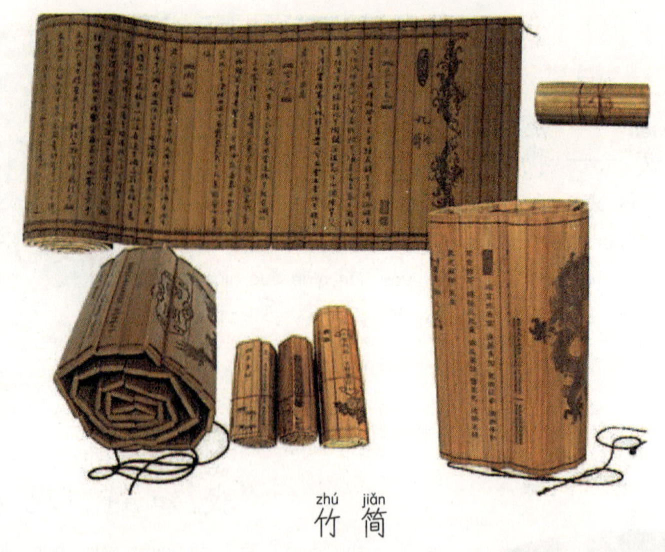

zhú jiǎn
竹简

néng yòng bǐ zhí jiē zài shàng miàn xiě le yáng yang lì kè dá dào
“能用笔直接在上面写了！”洋洋立刻答道。

méi cuò zhè shì zhú jiǎn de yí dà yōu diǎn kǎ ěr shū shu shuō dào
“没错。这是竹简的一大优点。”卡尔叔叔说道，

hái yǒu zhú jiǎn shì yòng zhú piàn zuò de zhú zi shì hěn pián yi de ér qiě
“还有，竹简是用竹片做的，竹子是很便宜的。而且，

bǎ zhú piàn yòng shéng zi chuàn qǐ lái zhī hòu jiù kě yǐ zuò chéng shū hái néng juǎn qǐ
把竹片用绳子串起来之后，就可以做成书，还能卷起

lái fāng biàn bǎo cún hé xié dài yǒu gè chéng yǔ jiào xué fù wǔ chē yì si shì xué
来，方便保存和携带。有个成语叫学富五车，意思是学

wèn hěn duō xiě de zhú jiǎn shū yào yòng wǔ liàng chē lái zhuāng
问很多，写的竹简书要用五辆车来装。”

知识链接

zhī shi liàn jiē

xué fù wǔ chē zhuāng zǐ tiān xià lǐ jì
学富五车——《庄子·天下》里记

zǎi huì shī duō fāng qí shū wǔ chē yì si shì huì
载：“惠施多方，其书五车。”意思是惠

shī de xué wèn guǎng bó tā xiě de shū néng zhuāng mǎn wǔ
施的学问广博，他写的书能装满五

liàng chē hòu lái yòng lái xíng róng dú shū duō xué wèn dà
辆车。后来用来形容读书多，学问大。

wǔ liàng chē tiān na nà děi xiě duō shao zì yā
“五辆车？天呐，那得写多少字！”丫

ya jīng yà de shuō dào
丫惊讶地说道。

“哈哈，你是见过竹简的，上面哪会有我们看的书上那么多字？”洋洋笑道。

“是啊，竹简上写不了太多字的。而且竹简还有缺点——太厚、太重了。”卡尔叔叔说道，“于是，有人拿绢帛来写字或画画，这就很轻便了。”

“这也太浪费了吧！”丫丫说道。

卡尔叔叔点点头：“没错，像在西汉时代，一匹绢帛的价值，相当于一个人两年的粮食费用。这些材料，要么很珍稀，要么很笨重。所以啊，那个时代，要写一册书，或是读到一卷书，都是非常非常难得的事情。哪怕秦汉时期竹简大大流行，会认字、有学问的人也是极少数。”

洋洋和丫丫都认真地点了点头。

“接下来就是纸登场了。我们知道，纸很快就取代了其他书写材料。那么与先前说到的材料比起来，纸到底好在哪儿呢？”卡尔叔叔提问了。

“便宜！”丫丫答道。

“又轻又薄，带着方便！”洋洋答道。

“说得很好！纸可以说是集中了其他材料的优点。它像竹木一样价格便宜，像绢帛一样轻薄好用。”卡尔叔叔说道。

zhǐ duì zhī shi de chuán bō bāng zhù shí zài tài dà le bú lùn shì tú huà
“纸对知识的传播，帮助实在太大了。不论是图画，
hái shi wén zì dōu kě yǐ hěn fāng biàn de jì lù zài zhǐ shàng xué xí jiāo liú cái
还是文字，都可以很方便地记录在纸上，学习、交流才
biàn de róng yì qǐ lái zhī shi de chuán bō jiā kuài le wén huà kē jì yě jiù jìn
变得容易起来。知识的传播加快了，文化、科技也就进
bù de gèng kuài le suǒ yǐ wǒ men de xiàn dài huà shēng huó cái néng zhè me kuài de dào
步得更快了，所以我们的现代化生活才能这么快地到
lái zhǐ kě shì wǒ guó gǔ rén xiàn gěi shì jiè de yí fèn dà lǐ
来。纸可是我国古人献给世界的一份大礼！”

zhǐ guǒ rán shì yí jiàn dà bǎo bèi yā ya zàn tàn dào
“纸果然是一件大宝贝！”丫丫赞叹道。

kè hòu sī kǎo
课后思考

1. zhǐ chū xiàn yǐ qián rén men yòng de shū xiě cái liào yǒu nǎ xiē
纸出现以前，人们用的书写材料有哪些？

2. zhǐ yǒu shén me yōu diǎn
纸有什么优点？

第二课 伟大的发明——造纸术

卡尔叔叔说："我专门带你们来造纸作坊找纸，是想让你们见识一下造纸的过程。"

"我还真没想过纸是怎么造的。不过我怎么也想不到，纸竟然是晒出来的。"丫丫觉得很有意思。

"丫丫，你这样说可不准确。"卡尔叔叔笑着说道，"刚才咱们看到的捞纸和晒纸，差不多是古人造纸的最后两步了。咱们一起去看看前面的过程吧。"

②洗涤

①切麻

三人来到一条小河边。只见河岸上，一个工匠正用一只手按着一捆草秆，另一只手握着刀，"咔咔咔"地将草秆切碎。

"那位叔叔切的是麻。麻里面啊，有很多很多的纤维。大多数的纸，都是用各种植物的纤维做的。"卡尔叔叔介绍说。

"我知道了，这用麻做的，肯定就是麻纸。"洋洋说道。

"这倒没说错。"卡尔叔叔笑着说，"不过我们现在用得最多的纸，是用竹子和木头做的。其实，只要是含有纤维的植物，像草、麻、竹、木，就都可以拿来造纸。"

③浸灰水

这时，河里一个工匠把切碎的麻洗干净后，提上岸，倒进了一个冒着白气的池子里。三人走近一看，池中的水"咕咕"地冒着气泡，像烧开了一样。

"这怎么回事？下面没有烧火，怎么会冒泡呢？"丫丫很好奇。

"这是石灰池。在生石灰里面加上水，就会变得非常烫，甚至能把水给烧开了。"卡尔叔叔解释道。

工匠们把碎麻和石灰水混在一起，装进一个大木桶里，然后抬着运走了。三人连忙跟了上去。只见他们将木桶放在一个灶台上，然后在下面生起了大火。

④蒸煮

"哇，这是要煮熟了吃啊！"丫丫很惊讶。

“小馋猫！”卡尔叔叔敲了一下丫丫的小脑门儿，说，“在石灰水里面蒸煮，是要让麻里的纤维跟其他杂质分开。这一步很花时间，要几天几夜才能完成。”

另一边，工匠把蒸煮好的麻放进了一个石臼里面。两个健壮的汉子共同握住一根大木棒，口中“嘿哈嘿哈”，手臂一上一下，开始有节奏地舂捣。不多久，俩人累得满头大汗，麻也被打烂得像泥浆一样了。工匠在麻泥里面兑上水，再倒进一个大水槽里。

“这是舂捣和打浆。纤维被打断了，就会变得像扫帚尾巴一样起毛、分丝，再加水就成了纸浆。”卡尔叔叔边走边说道。

“接下来就到咱们一开始看到的捞纸了，不过专业的叫法是抄纸。用能渗水的竹席捞出一层薄薄的纸

浆，就铺成了一层湿纸。"

"那最后把湿纸晒干，就能用了吧？"洋洋问道。

"对，不过也有烘干、晾干的！干了之后，那些细细碎碎的纤维交缠在一起，就成了比较牢固的纸。"卡尔叔叔答道。

"原来造纸这么复杂啊！"丫丫说道。

"是啊，造纸术是我国古人智慧的结晶。"卡尔叔叔说道，"那你们知道它是怎么发明的吗？"

"书上说，蔡伦改进了造纸术。"洋洋马上回答道。

"改进？不是他发明的吗？"丫丫问道。

卡尔叔叔说："一般说蔡伦改进了造纸术，是因为早在商周时期，我国就已经有早期的纸了。古人在制丝的时候，有些断掉的丝絮会落下来，铺成一层薄薄的纸。这种纸叫'丝絮纸'。

出土的西汉麻纸

"但是你们也知道，丝本身就很稀少。这种纸只是制丝的副产品，就更加稀少了，因此没几个人能用上。但古人会想办法呀！他们学着制丝的方法，把树皮、麻布等做成了纸。这样就不用担心原料的问题了。"

“那蔡伦做了什么呢？”丫丫有些急切地想知道。

卡尔叔叔拍了拍丫丫的肩膀，示意她别急，然后说：“起初，这些纸质量并不好，摸起来很粗糙，这儿厚那儿薄的，比树皮也好不了多少。

“到了东汉时期，蔡伦带领工匠们，总结经验，改进工艺，用树皮、麻绳头、破布、废渔网等做原料，做出了平滑、洁白、轻薄的纸。这些纸很快就在全国流行起来，被叫作‘蔡侯纸’。在这之后，纸才成为主要的书写材料。

“刚才咱们看到的，就是在按照蔡伦的方法造纸。后来用各种植物纤维造纸的工艺，都是在这个基础上发展来的。直到现在，我们造纸的方法，与蔡伦的造纸术本质上也是一样的。”

“蔡伦真是了不起！”丫丫竖起了大拇指。

“那造纸术是不是也通过丝绸之路传到了西方？”洋洋问道。

“聪明！”卡尔叔叔给洋洋也竖了

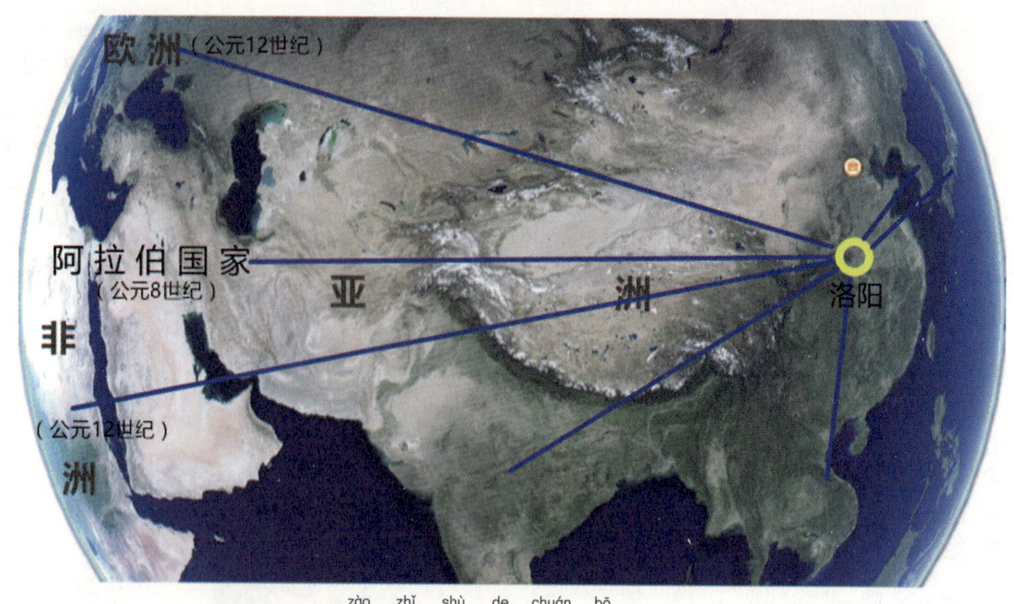

造纸术的传播

个大拇指，接着说道，“我们的邻居们，自然最先学会了我们的造纸术。到了唐朝，造纸术传到了中亚的阿拉伯人那里。之后近千年，人们沿着丝绸之路，将造纸术传遍了整个亚洲、欧洲和非洲。”

“看来纸征服了全世界呢！”丫丫说道。

“是啊。在遥远的古埃及，人们用纸莎草的茎做成莎草纸来做记录；在欧洲，人们长期用动物的毛皮来写字。这些材料跟咱们古代的其他材料一样，有着各自的缺点。伟大的造纸术发明以后，人们才有了好用又便宜、轻便又耐用

纸莎草

羊皮纸

de zhǐ
的纸。”

tīng wán kǎ ěr shū shu de huà yáng yang hé yā ya bù jīn wèi wǒ guó de gǔ
听完卡尔叔叔的话，洋洋和丫丫不禁为我国的古

rén gǎn dào shēn shēn de zì háo
人感到深深的自豪。

kè hòu sī kǎo
课后思考

1 nǐ néng shuō chū zào zhǐ de zhǔ yào guò chéng ma
你能说出造纸的主要过程吗？

2 shuí gǎi jìn le zào zhǐ shù shǐ de zhǐ liú xíng qǐ lái
谁改进了造纸术，使得纸流行起来？

第三课　神奇的印刷术

卡尔叔叔终于将“寻宝地图”打开了，这是一幅画着丝绸之路的地图，上面密密麻麻地标着地名与路线，还有几个地方被特别圈了出来，估计就是卡尔叔叔说的有宝贝的地方吧。

丫丫看了地图一眼，就泄了气："这幅地图太复杂了，我可没法照着它画一幅一模一样的出来，更别说两幅了。卡尔叔叔，要不然我们就一起看您那一幅，好不好？"

"丫丫，咱们怎么能知难而退呢？"洋洋说，"遇到问题我们得想着怎么解决才对！"

"洋洋说得对。"卡尔叔叔点点头，"其实呀，咱们国家的先人们，也遇到过类似的问题。"

卡尔叔叔缓缓地说："很久以前，人们都是依靠刻写来记录的，后来出现了毛笔和墨水，书写就不再是一件苦差事了，人们还开始追求书法艺术。"

洋洋想了想，说："卡尔叔叔，古时候不是盛行在石碑上刻文吗？很多书法作品都保存在石碑上了。"

卡尔叔叔耐心地说："但总不能人人都刻一块大石碑，搬回家里吧！所以造纸术的发明就格外重要，纸既轻薄又方便，于是那些想练习书法的人就想出了一个办法——仿照印章盖印的方法来拓印碑文，也就是拓片。这就是印刷术的起源！"

知识链接
zhī shi liàn jiē

yìn zhāng zǎo zài xiān qín shí qī yìn zhāng jiù chū xiàn le dàn dāng shí de yìn zhāng shàng zhǐ yǒu jǐ gè zì tōng cháng shì rén men yòng lái biǎo shì xìng míng guān zhí huò suǒ chǔ jī gòu de
印章——早在先秦时期，印章就出现了。但当时的印章上只有几个字，通常是人们用来表示姓名、官职或所处机构的。

yìn zhāng
印章

tà piàn
拓片

tà piàn wǒ guó yí xiàng gǔ lǎo de chuán tǒng jì yì rén men yòng xuān zhǐ hé mò zhī jiāng shí bēi qīng tóng qì mǐn děng wén wù shàng de wén zì huò tú àn qīng xī de tà yìn xià lái xíng chéng tà piàn
拓片——我国一项古老的传统技艺。人们用宣纸和墨汁将石碑、青铜器皿等文物上的文字或图案清晰地拓印下来，形成拓片。

kǎ ěr shū shu jiē zhe shuō táng cháo shí qī kē jǔ zhì dù zhú jiàn xīng shèng nà xiē hǎo de wén zhāng xū yào chuán gěi dà jiā yuè lǎn xué xí dàn shì guāng kào shǒu chāo shí zài tài màn le wèi le néng dà liàng fù zhì wén zhāng rén men jiù fǎng zhào tà piàn jì shù yòng yí kuài kuài mù bǎn diāo kè shàng fǎn xiě de wén zì chā tú chéng wéi mù bǎn zài zài mù bǎn shàng tú mò pū zhǐ zài zhǐ shàng qīng qīng yì shuā jiù yìn chū zhèng xiě de zì hé tú le
卡尔叔叔接着说：“唐朝时期，科举制度逐渐兴盛，那些好的文章需要传给大家阅览学习，但是光靠手抄实在太慢了。为了能大量复制文章，人们就仿照拓片技术，用一块块木板，雕刻上反写的文字、插图，成为‘木版’，再在木版上涂墨铺纸，在纸上轻轻一刷，就印出正写的字和图了。”

zhè jiù shì diāo bǎn yìn shuā shù ba yáng yang shuō dào
“这就是雕版印刷术吧？”洋洋说道。

卡尔叔叔点了点头："是的。雕版印刷术发明于唐朝初期，到了唐朝中后期已经广泛运用了。到了宋代，雕版印刷进入最繁盛的时代，出现了各种印本，人们还将最初的单色印刷进行改进，形成了几种颜色复合的复色印刷。"

雕版版片

"古人真聪明！"丫丫夸赞道。

"还有更聪明的呢！"卡尔叔叔刮了一下丫丫的小鼻子，说道，"雕版印刷术虽然比抄写进步很多，但还是不够灵活。因为每印一页书，就得刻一块木版，如果要印一大套书，刻上十几年也不足为奇。而且印完之后，除非再印同一本书，否则木版就没用了。

"北宋第四位皇帝的时候，有个叫毕昇的人，发明了'活字'印刷术。他用黏土做成小块，每块刻上一

毕昇

活字印刷

个字，然后用火烧硬。要印刷的时候，只需要把各个字块拼成字版，就可以了。书印完以后，那些字块还可以取下来，等印刷下一本书时，能重新组合成新的文句。这种方法可比雕版印刷灵活、快速多了！”

“原来造纸术与印刷术都是中国发明的，咱们国家可真厉害！”丫丫不由得感叹。

卡尔叔叔看着她，笑着说：“那是当然的！后来我国的造纸术与印刷术都顺着丝路传播到了其他国家，比如波斯、埃及、法国。”

卡尔叔叔顿了顿，继续说：“正因为有了造纸术与印刷术这两项伟大的发明，我们国家的文化知识才能通过文字的形式流传到其他国家。印刷术传到西亚与欧洲后，书本的制作与知识的传播变得便宜又方便，大大推动了西方教育的发展。正由于此，出身低微的人才有了改变命运的机会，比如在后来德国的教会改

gé zhōng jiù chū xiàn le xié jiàng hé tiě jiàng jiā tíng chū shēn de mù shī kě yǐ shuō
革中，就出现了鞋匠和铁匠家庭出身的牧师。可以说，
yìn shuā shù ràng shì jiè fā shēng le jù dà de gǎi biàn
印刷术让世界发生了巨大的改变。”

hǎo le liǎo jiě le zhè me duō lì shǐ wén huà zhī shi wǒ men hái shi
“好了，了解了这么多历史、文化知识，我们还是
qù qǐng yìn shuā zuō fang de shī fu bāng wǒ men fù zhì liǎng fèn xún bǎo dì tú ba
去请印刷作坊的师傅帮我们复制两份‘寻宝地图’吧！”
kǎ ěr shū shu dài zhe yā ya yǔ yáng yang xiàng páng biān de yìn shuā zuō fang zǒu qù
卡尔叔叔带着丫丫与洋洋向旁边的印刷作坊走去。

kè hòu sī kǎo
课后思考

1 nǐ zhī dào yìn shuā shù fēn wéi nǎ jǐ zhǒng ma
你知道印刷术分为哪几种吗？

2 zào zhǐ shù yǔ yìn shuā shù duì rén lèi wén huà zhī shi de chuán bō qǐ
造纸术与印刷术对人类文化知识的传播起
dào le shén me zuò yòng
到了什么作用？

第四课 扬帆起航——中国帆船

大家来到印刷作坊，说明了来意。由于只有大量印刷时，才会去刻制复杂的印版，所以心灵手巧的制版师傅，帮他们手绘了两幅一模一样的寻宝图。

洋洋和丫丫一人拿着一份，像模像样地看了起来。看了半天，洋洋问道：“卡尔叔叔，寻宝地图咱们也印好了，什么时候出发呀？”

“咱们这就去看看大船造好了没有！咱们走的是‘海上丝绸之路’，没有船可不行！”卡尔叔叔回答道。

来到港口，两艘大船赫然映入眼帘。许多工人正忙碌地往船上搬运货物。这两艘大船十分雄伟，长大概四十多米，宽十多米，即使不算上桅杆，也有四米高呢。

南海一号

“我们面前这艘是‘南海一号’，它旁边这艘没有名字，咱们叫它‘南海二号’好了。”卡尔叔叔向他们说道，“它们载满了货物，桅杆高立，正准备扬帆起航！这可是咱们国家古代航海船只中的‘明星船型’，叫作‘福船’。福船有一个共同点，那就是在水下的船底是尖形的。它们船身高大，能装载比较多的货物，像你们眼前的南海一号，就能装下400多吨的货物！”

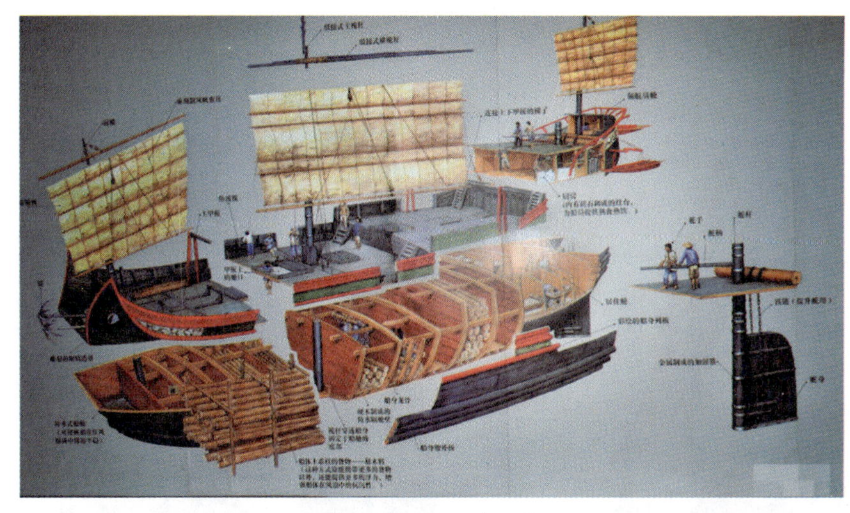

福船构造图

听到这里，洋洋与丫丫都吃惊地张大了嘴巴，连问题都忘了问。

看到他们惊讶的样子，卡尔叔叔接着说：“福船不光能运货呢！到后来的明朝，水师就主要以福船为战船。因为它不仅体型巨大，而且底尖上阔，首尾高昂，两侧有护板，看上去威风凛凛，气势压

人。那时的福船总共有四层，底层装入土石压舱，二层让将士居住，三层让将士操练，而最上面的一层就是作战的场所了。"

卡尔叔叔说："你们想象一下，那么巨大的一艘船，居高临下地向敌军发射弓箭火炮，该是多么壮阔威风的场面啊！而且福船的头部高高昂起，又装有坚固的冲击装置，能乘着风直接将敌船撞沉呢！所以福船是当时的优良战舰。"

福船

"福船这么棒，那还有其他种类的船吗？"洋洋问道。

"在古时候，帆船主要分为广船、沙船、鸟船和福船这四大名船。到了明朝，我国帆船的发展达到了顶

fēng zào chuán jì shù shì jiè lǐng xiān shuō dào zhè lǐ kǎ ěr shū shu de yǔ qì
峰，造船技术世界领先！”说到这里，卡尔叔叔的语气
lǐ chōng mǎn le zì háo gǎn
里充满了自豪感。

zhēn lì hai nà guǎng chuán shā chuán hé niǎo chuán yòu zhǎng shén me yàng zi
“真厉害！那广船、沙船和鸟船又长什么样子
ne yā ya wèn
呢？”丫丫问。

guǎng chuán
广船

guǎng chuán shì yīn wèi chǎn yú
“广船是因为产于
guǎng dōng ér wén míng de tā de zhǔ
广东而闻名的。它的主
yào tè diǎn shì tóu jiān tǐ cháng qiě
要特点是头尖、体长，且
chuán liáng de hú dù xiǎo dàn shì tā
船梁的弧度小。但是它
de jié gòu shí fēn jiān gù fēi cháng
的结构十分坚固，非常
shì hé cháng jù lí háng hǎi
适合长距离航海。

shā chuán
沙船

shā chuán píng dǐ fāng tóu shì yòng yú shuǐ qiǎn shā duō de háng dào suǒ yǐ
“沙船平底、方头，适用于水浅沙多的航道，所以
yǒu le zhè ge míng zi tā de shì yìng lì hěn qiáng zài jiāng hé hú hǎi shàng dōu
有了这个名字。它的适应力很强，在江、河、湖、海上都
néng háng xíng ér qiě chuán shēn shì yì tǐ de bù róng yì chén mò
能航行，而且船身是一体的，不容易沉没。

鸟船（绿眉毛）

“最后一种是鸟船，它是我国东南沿海的一种小型快速船，适合沿海航行。它的船头特别像鸟类的头部，而且船夫们会给船画上像鸟儿一样的眼睛和绿色的眉毛，所以它又叫绿眉毛。”

知识链接

zhī shi liàn jiē

高大坚固的船只并不是一日造成的。我国的先民们早在新石器时期就已经会使用独木舟和筏子等水上工具了。后来船舶的形式渐渐发展，春秋战国时期，我国就有了大翼、桥船、戈船等多种战船。秦汉时期，我国迎来了历史上首次造船技术的飞跃，比如汉朝的“楼船”，它最能体现汉代的高超造船技术。

想要远洋航行，光靠人力肯定是不行的，所以风帆也是远洋航行中必不可少的工具。风帆最早出现于战国时期，但那时候的帆只能顺风，不能转动，达不到远洋航行的要求。到了汉朝时期，风帆才打破了顺风行驶的局限性，能自由升降，灵活转动，为以后海上丝绸之路的繁盛打下了基础。

“真有意思，那郑和下西洋的时候乘坐的是哪一种船呢？”洋洋问。

“我猜是沙船，因为它不容易沉！”丫丫抢着回答说。

卡尔叔叔摇了摇头，“不，不，郑和乘坐的宝船是福船一类，它是郑和船队中最大的海船。因为南海与北印度洋的气候非常恶劣，海上总是伴着大风大浪，十分危险，考虑到这些，明朝采用了适合远洋航行的尖底船型，费尽心血才造出这种世界航海史上最大的木质帆船。”

郑和宝船（1421年，大船）与哥伦布的圣玛丽亚号（1492年，小船）模型

“有了这些船，海上丝绸之路才能真正繁荣起来啊！”卡尔叔叔意味深长地说。

kǎ ěr shū shu wǒ men gǎn jǐn shàng chuán ba yáng yang kàn dào gōng rén men
“卡尔叔叔，我们赶紧上船吧！”洋洋看到工人们
lā qǐ fēng fān zhǔn bèi qǐ háng le
拉起风帆，准备启航了。

kǎ ěr shū shu dài zhe yáng yang yǔ yā ya dēng shàng le nán hǎi yī hào suī rán
卡尔叔叔带着洋洋与丫丫登上了南海一号。虽然
méi bàn fǎ jiāng jù dà de fú chuán dàng zuò shǔ qī zuò yè dài dào kè táng shàng kě shì
没办法将巨大的福船当作暑期作业带到课堂上，可是
yáng yang yī jiù shí fēn kāi xīn yīn wèi tā zhī dào zhè sōu dà chuán lǐ kěn dìng yǒu
洋洋依旧十分开心。因为他知道，这艘大船里肯定有
hěn duō de bǎo wù
很多的宝物。

kè hòu sī kǎo
课后思考

1 wǒ guó gǔ dài fān chuán de sì dà chuán xíng dōu shì shén me chuán
我国古代帆船的四大船型都是什么船？

2 zhèng hé xià xī yáng yòng de shì shén me chuán ne
郑和下西洋用的是什么船呢？

第五课　海上识方向——指南针

上了船以后，只见水手、船工们都在甲板上忙碌着。

“卡尔叔叔快带我参观一下这艘宝船吧！”洋洋早就着急了。

“不要着急，我先问你们个问题。”卡尔叔叔笑着说，“如果你俩在野外，比如说沙漠里，或者就像现在，咱们即将在大海上航行，你们怎么辨别东西南北呢？”

“这个我知道！”洋洋得意起来，“我的手机里面有电子指南针！”

“洋洋懂的确实不少。”卡尔叔叔表扬洋洋，“可是现在我们没有手机，该怎么办呢？”

“这个我知道一点儿。”丫丫认真地说，“很久以前，

人们是根据日月星辰来辨别方向的，可是如果出现了阴雨天气，看不到日月星辰，就没办法判断东西南北了。直到后来咱们的祖先发明了指南针，大家才能够随时判断方向。”

“丫丫说得太对了，正是咱们古代智慧的劳动人民发明了指南针。”卡尔叔叔赞许地点头，“这项伟大的发明，主要是利用了地球本身就是大磁体的特点。”

知识链接

zhī shi liàn jiē

地球大磁体

磁铁有两个磁极，一个是N极，另一个是S极。一块磁铁，如果从中间锯开，它就变成了两块磁铁，它们又各有一对磁极。磁极之间有相互作用，即同性相斥、异性相吸。地球就是一个巨大的磁体，所以带有磁性的物体可以指示南北。

“在先秦时代，勤劳的中国人民就已经有了对磁现象的认识，但是就像其他许多自然现象一样，一开

始我们的祖先并不清楚其中的道理。”卡尔叔叔接着说道，“西汉的时候，有一名云游四方的道士，名字叫栾大。他用磁石做了两个棋子，调整它们的位置后发现，它们有时会相互吸引，有时会相互排斥。栾大给它们起了个名字——斗棋。他把斗棋献给当时的皇帝汉武帝，并当场表演。汉武帝看了后惊奇不已，十分开心，竟然封栾大为‘五利将军’。其实栾大就是利用磁石的性质，制作了新奇的玩意儿。”

洋洋开心起来：“咱们去哪儿可以买到这种指南针呢？”

“哈哈，我早就准备好了。”卡尔叔叔笑了起来，同时打开了盒子，里面有一个像鱼儿一样的铁片，还有一根针一样的东西。

指南鱼

卡尔叔叔接着说道：“这两种算是古代比较小巧、方便的指南针，把它们用线悬挂起来，或者悬浮在水面上，就可以使用了。指南针的发明经历了漫长的岁月，古代

水浮法指南针

司南

劳动人民不断地在改进。最开始的时候，人们发明了司南来辨别方向。司南上的磁勺比较笨重，人们就想把磁勺进行简化，好方便携带。

“北宋时期的曾公亮，在《武经总要》这本书里面，记录了指南鱼的制作方法。人们将铁打制成细细薄薄的叶片形状，将头尾分别打制成鱼头和鱼尾的形状，然后放在烈火中烧至通红。将烧红的铁鱼尾巴对着北方，头对着南方，在地磁场的作用下，铁鱼被磁化，冷却下来后，就拥有了稳定的磁性，有了指示南北的能力。”

“至于这种针形的指南针……”卡尔叔叔耐心地解释，“这是北宋另外一位大家沈括在他的著作《梦溪笔谈》中记载的。用磁石将针反复摩擦，针被磁化后，就形成了简单实用的指南针。他还详细地比较了指南针的各种使用方法，除刚才提到的方法外，还有将磁针

放在碗口边缘，放在指甲盖儿上等方法。通过他的介绍，指南针才开始大范围地使用起来。”

航海罗盘

这时船长走了过来，笑着说：“你们的指南针太简陋了，看我这个！”

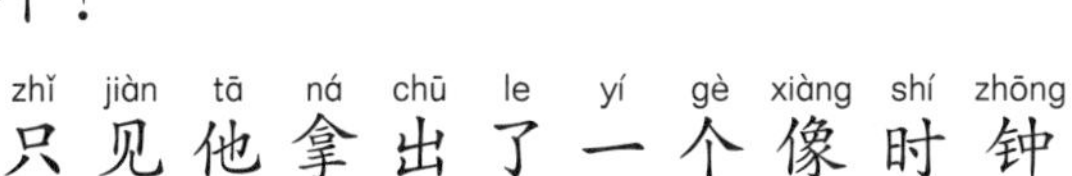

只见他拿出了一个像时钟一样的东西，无论怎么移动、旋转，里面的小针都倔强地指着原来的方向。

“我这个叫罗盘，上面刻了二十四个方位的标识符号，是不是比你们的好用多了！”船长得意地说道。

“原来船长您早有准备，我是多此一举了！”卡尔叔叔说道。

“我们看到了好几种指南针，也算大开眼界了！”洋洋兴奋地说道。

“哈哈，那我总算没有白忙！”卡尔叔叔说笑道。

卡尔叔叔走到船边，望着大海，说道：“一天天、一年年，指南针不断地改进。中国人在航海的时候，开始广泛使用指南针导航，在丝绸之路上也越走越远。指南针的出现，使人们彻底解决了在海上辨别方向的问题，极大地推动了人们探索世界的进程。后来的欧洲人

就是靠着指南针，横渡了大西洋，发现了美洲大陆；靠着它环绕地球，证明了地球不是方的，而是圆的。"

"指南针可真是个宝贝！"洋洋跳了起来，"卡尔叔叔，您帮了我的大忙了。我的暑假作业完成一半了。"

"别着急，洋洋。"卡尔叔叔故作神秘，"这船上的宝贝还多着呢！"

课后思考

1 没有指南针的时候，在野外该怎么辨别方向呢？

2 指南针为什么能够指示南北？

dì liù kè zhèn chuán zhī bǎo cí qì

第六课 镇船之宝——瓷器

nà zhè chuán shàng hái yǒu shén me bǎo bèi ya yáng yang yì tīng dào bǎo bèi jiù shí fēn hào qí

“那这船上还有什么宝贝呀？”洋洋一听到宝贝，就十分好奇。

nǐ men gēn wǒ lái kǎ ěr shū shu dài zhe yáng yang yǔ yā ya lái dào le huò cāng

“你们跟我来。”卡尔叔叔带着洋洋与丫丫来到了货舱。

zhè chuán de huò cāng hái zhēn dà ya gāng yí jìn huò cāng yā ya jiù jīng yà de hǎn le chū lái zhǐ jiàn guò dào liǎng biān pái liè zhe shù shí gè fáng jiān jiù xiàng bīn guǎn yí yàng

“这船的货舱还真大呀！”刚一进货舱，丫丫就惊讶地喊了出来，只见过道两边排列着数十个房间，就像宾馆一样。

卡尔叔叔带着洋洋与丫丫，挨个房间参观。这些房间里面有铁器、纸张、铜器、金银珠宝……洋洋与丫丫感觉眼睛都不够用了。

“参观了这么多宝物，是时候让你们看看镇船之宝了。”卡尔叔叔说道。

一听到“镇船之宝”四个字，洋洋与丫丫都兴奋起来。

“那是什么？”还是洋洋比较着急。

卡尔叔叔打开了一个比较大的货舱。大门一开，洋洋与丫丫都惊讶得张大了嘴巴，只见眼前密密麻麻、层层叠叠、整整齐齐地摆放着大量的瓷器。

南海一号上的瓷器

“好壮观呀！”丫丫忍不住赞叹道。

“你们猜一下，这里的瓷器有多少件？”卡尔叔叔问。

“大概，有几百？啊不，有几千件？”洋洋望着看不到头的瓷器说。

zhè sōu chuán shàng zhěng zhěng yǒu wàn jiàn cí qì
“这艘船上整整有6万件瓷器，
nán hǎi èr hào shàng bù bǐ zhè lǐ shǎo kǎ ěr shū shu
南海二号上不比这里少。”卡尔叔叔
lù chū le dé yì de shén qíng yào zhī dào zhè qí
露出了得意的神情，“要知道，这其
zhōng rèn hé yí jiàn cí qì zài zán men de shí dài dōu
中任何一件瓷器，在咱们的时代都
kě néng jià zhí shù bǎi wàn ne
可能价值数百万呢！”

tīng dào zhè lǐ yáng yang de zuǐ ba zhāng de gèng
听到这里，洋洋的嘴巴张得更
dà le
大了。

kǎ ěr shū shu nín gěi wǒ men jiǎng jiang cí
“卡尔叔叔，您给我们讲讲，瓷
qì wèi shén me zhè me guì zhòng hào qí de yā ya
器为什么这么贵重？”好奇的丫丫
wèn dào
问道。

kǎ ěr shū shu shuō yī shì yīn wèi zài gǔ dài
卡尔叔叔说：“一是因为在古代
cí qì zhǐ yǒu zhōng guó rén huì zhì zào fēi cháng xī yǒu
瓷器只有中国人会制造，非常稀有；
èr shì yīn wèi zhè xiē cí qì dōu shí fēn jīng měi bù zhǐ
二是因为这些瓷器都十分精美，不只
shì shí yòng de shēng huó yòng pǐn gèng shì gè jù tè sè
是实用的生活用品，更是各具特色
de yì shù pǐn
的艺术品。”

rǔ cí
汝瓷

guān yáo cí qì
官窑瓷器

gē yáo qīng cí
哥窑青瓷

jūn cí
钧瓷

dìng yáo bái cí
定窑白瓷

知识链接
zhī shi liàn jiē

yuán shǐ cí qì chū xiàn zài wǒ guó de shāng
原始瓷器出现在我国的商
dài fā zhǎn le hěn cháng shí jiān hòu zài dōng hàn
代，发展了很长时间后，在东汉
shí qī zhú jiàn chéng shú zài suí táng shí qī cí
时期逐渐成熟。在隋唐时期，瓷
qì kāi shǐ suí zhe sī chóu zhī lù xiāo wǎng shì jiè gè
器开始随着丝绸之路销往世界各

地。大概到了宋代，瓷器的生产达到了第一个鼎盛时期，出现了定窑、钧窑、官窑、哥窑、汝窑五大名窑。

到宋朝景德年间，景德镇进贡给皇帝的御用瓷器，精美绝伦，一下子就出名了。北方许多著名窑场的能工巧匠纷纷赶赴景德镇，带去了北方的制瓷工艺，使景德镇的制瓷技术发展得更快了。景德镇出产的“影青瓷器”“青白釉瓷器”闻名于世，并通过泉州、广州两大商港运往海外，成为风靡世界的名牌商品。

“这些瓷器都圆圆的，真漂亮！”丫丫感叹道。

“可是都没有什么图案呢。”洋洋说。

“确实是这样，宋代的瓷器以纯色为主，但到了元代，青花瓷的制作工艺就非常成熟了。”卡尔叔叔解释道。

“青花瓷？”两个小朋友都睁大了眼睛，同时问道。

“青花瓷上面有蓝色的花纹。之前，人们已经使用了一些瓷器彩绘技术。最早的青花瓷出现在唐代，那时候，颜料只有偶尔从国外进口的一点儿，所以青花瓷非常少见。到了元代，景德镇的工匠将彩绘技术运用得非常成功，烧制瓷器的技术也提升了很多，还有了来

自波斯的优质颜料，因此制作出了非常精美别致的青花瓷。”卡尔叔叔解释说。

元青花鬼谷子下山图罐

元青花萧何月下追韩信图梅瓶

卡尔叔叔又说道：“瓷器不好生产，运输起来又不方便，所以运到西方后，价格会翻无数倍。据说，荷兰、葡萄牙商人最早将瓷器运到欧洲时，瓷器的价格几乎与黄金相等。”

“那些瓷器也是像我们一样坐船，被运往国外的吗？”丫丫问道。

“其实，在早些时候，大部分货物都是通过陆上丝绸之路运输的。这条路从西安开始，经甘肃、新疆，穿过沙漠，翻过高原、雪山，最终到达地中海沿岸。”卡尔叔叔说道。

"可是瓷器很脆弱，在陆地上颠簸几下，就可能会碎了，而水运却安全又便捷。唐宋以后，造船术和航海术迅速发展，人们终于能够去远洋航行了。瓷器就成了海上丝绸之路上最重要的商品，海上丝绸之路也成了'瓷器之路'。这条航线越来越繁荣，也越来越漫长。它终于冲出东南亚，跨过印度洋，到达了波斯湾和非洲东海岸。《诸蕃志》里写道，宋代的瓷器被运往全球50多个国家，最远到了非洲的坦桑尼亚。"卡尔叔叔越说越自豪。

"瓷器这么受欢迎，但在国外也太贵重了，是不是只有有钱人才能用得起啊？"洋洋问道。

"一开始跟你想的一样，国外只有贵族和富商才有机会用上瓷器。瓷器中的精品，更是阶级和身份的象征。但瓷器既精美又实用，又有谁会不喜爱呢？渐渐地，越来越多的普通家庭也开始买一两件瓷器用品使用。瓷器甚至影响了一些国家的生活习惯。据记载，以前东南亚一些国家经常拿植物叶子

印尼国家博物馆收藏的中国瓷器

lái zuò chī fàn de róng qì cí qì yùn guò qù yǐ hòu tā men gǎi biàn le guò qù de
来做吃饭的容器。瓷器运过去以后，他们改变了过去的
xí guàn kāi shǐ yòng jīng měi shí yòng de cí wǎn lái chī fàn rú jīn zài yìn ní guó jiā
习惯，开始用精美实用的瓷碗来吃饭。如今在印尼国家
bó wù guǎn hái shōu cáng zhe xǔ duō chǎn zì sòng dài dé huà xiàn de lǎ ba kǒu dà
博物馆，还收藏着许多产自宋代德化县的‘喇叭口’大
cí wǎn ne kǎ ěr shū shu xiǎn rán duì hěn duō bó wù guǎn dōu shí fēn liǎo jiě
瓷碗呢！”卡尔叔叔显然对很多博物馆都十分了解。

kàn lái cí qì duì quán shì jiè rén mín de shēng huó yǐng xiǎng dōu hěn dà ne
“看来瓷器对全世界人民的生活影响都很大呢！”
yā ya gǎn tàn dào
丫丫感叹道。

cí qì shì zhōng guó rén mín sòng gěi shì jiè de lǐ wù shì sī chóu zhī lù
“瓷器是中国人民送给世界的礼物，是丝绸之路
jiāng zhè fèn lǐ wù sòng dào gè guó rén mín shǒu zhōng de sī chóu zhī lù bù jǐn shì mào
将这份礼物送到各国人民手中的。丝绸之路不仅是贸
yì zhī lù gèng shì jiāo liú zhī lù yǒu hǎo zhī lù wén huà zhī lù kǎ ěr shū
易之路，更是交流之路、友好之路、文化之路。”卡尔叔
shu yì běn zhèng jīng de shuō dào
叔一本正经地说道。

kè hòu sī kǎo 课后思考

1 wèi shén me dà liàng cí qì tōng guò hǎi shàng sī chóu zhī lù yùn shū
为什么大量瓷器通过海上丝绸之路运输?

2 cí qì wèi shén me jià zhí lián chéng
瓷器为什么价值连城？

第七课 休息一下，品味茶香

参观完瓷器，卡尔叔叔又带洋洋与丫丫来到一个封闭严实的货舱。打开门后，一排排黑色的“砖头”出现在大家面前，洋洋与丫丫都傻眼了。

丝绸之路上的“金砖”

“要把这种黑色的砖头运到波斯去吗？”洋洋问，“是盖房子用吗？”

“哈哈，小家伙你可真幽默！”卡尔叔叔笑了，“这可是丝绸之路上的‘金砖’呢，怎么会用来盖房子呢？”

“什么？这是金子做的？”丫丫瞪大了眼睛。

卡尔叔叔没有马上解释，而是说道：“正好大家也累了，咱们休息一下吧。”说完带他们来到休息室。

卡尔叔叔给每人倒了一杯茶水：“其实，这黑色的砖头是茶叶做的。”

chá yè yáng yang yòu xīng fèn le qǐ lái wǒ yuán lái jiù zhī dào chá
“茶叶！”洋洋又兴奋了起来，“我原来就知道，茶
yè shì sī chóu zhī lù shàng tè bié zhòng yào de shāng pǐn kě méi xiǎng dào tā men huì
叶是丝绸之路上特别重要的商品，可没想到它们会
shì zhè ge mú yàng
是这个模样！”

wǒ lái gěi nǐ men jiǎng jiang chá de lì shǐ nǐ men jiù zhī dào wèi shén me chá
“我来给你们讲讲茶的历史，你们就知道为什么茶
yè huì zhè yàng zi yùn shū le kǎ ěr shū shu qīng qīng mǐn le yì kǒu chá shuǐ bù
叶会这样子运输了。”卡尔叔叔轻轻抿了一口茶水，不
jǐn bú màn de shuō
紧不慢地说。

zuì zǎo de chá chū xiàn zài wǒ guó xī nán de shān lín lǐ zài xī zhōu shí
“最早的茶，出现在我国西南的山林里。在西周时，
xiàn zài de sì chuān hé zhòng qìng yí dài yǒu yí gè bā guó tā men bǎ chá dāng chéng
现在的四川和重庆一带有一个巴国，他们把茶当成
gòng pǐn xiàn gěi zhōu cháo jūn zhǔ nà shí hou bā guó jiù yǐ jīng zhuān mén kāi pì yì
贡品献给周朝君主。那时候，巴国就已经专门开辟一
xiē tǔ dì yòng lái zhòng chá le
些土地用来种茶了。

cóng hàn dài kāi shǐ hē chá
“从汉代开始，喝茶
jiù màn màn de cóng bā shǔ dà dì xiàng
就慢慢地从巴蜀大地向
quán guó liú xíng dào le táng dài chá
全国流行。到了唐代，茶
wén huà yě kāi shǐ fā zhǎn le nà
文化也开始发展了。那
shí hē chá yǐ jīng chéng le zhěng gè
时喝茶已经成了整个
guó jiā de xí guàn dào chù dōu yǒu
国家的习惯，到处都有
chá guǎn chá huì měi dāng jiā lǐ lái
茶馆、茶会。每当家里来
le kè rén zhǔ rén jiù huì duān shàng
了客人，主人就会端上
chá lái yǔ kè rén yì qǐ yǐn yòng
茶来，与客人一起饮用。

měi lì de chá shān
美丽的茶山

"茶圣"陆羽

"唐代的陆羽特别爱茶，对茶有很深的认识。他常常与当时的大才子们一起吟唱诗歌，讨论道理，品茶谈茶。后来，他写了一部《茶经》，详细地介绍了茶的历史、生产、药效、饮用等知识，让喝茶具有了文化意义。"

"我知道陆羽，后人叫他'茶圣'。"洋洋说道。

"没错。可以说，后世的茶文化，就是从陆羽开始的。"卡尔叔叔说道。

"后来，人们把茶叶带到了更远的地方。"卡尔叔叔接着说道，"我国西边的很多民族都以放牧为生，他们的食物主要是奶和肉，茶对他们来说是非常棒的饮品。

知识链接

zhī shi liàn jiē

茶叶中含有丰富的营养成分，主要是维生素和矿物质，还有蛋白质、氨基酸、糖类等。对饮食中缺少蔬菜水果的西北居民来说，茶叶是他们人体必需矿物质和各种维生素的重要来源。

zhōng yuán méi yǒu hǎo de zhàn mǎ jiù yòng chá yè xiàng mù mín huàn qǔ zài
“中原没有好的战马，就用茶叶向牧民换取。在
zhōng yuán yǔ xī yù hé xī zàng de lín jìn dì qū zhè zhǒng chá mǎ hù shì fēi cháng
中原与西域和西藏的邻近地区，这种‘茶马互市’非常
cháng jiàn ér zài wǒ guó de xī nán hái cún zài yì tiáo zhù míng de chá mǎ gǔ dào
常见。而在我国的西南，还存在一条著名的‘茶马古道’。”

wǒ zhī dào wǒ men qù yún nán lǚ yóu de shí hou zài chá mǎ gǔ dào shàng
“我知道！我们去云南旅游的时候，在茶马古道上
qí guò mǎ dǎo yóu ā yí shuō chá yè tōng guò chá mǎ gǔ dào bèi yùn dào le xī zàng
骑过马。导游阿姨说，茶叶通过茶马古道被运到了西藏
hé dōng nán yà yā ya xīng fèn de hǎn dào
和东南亚。”丫丫兴奋地喊道。

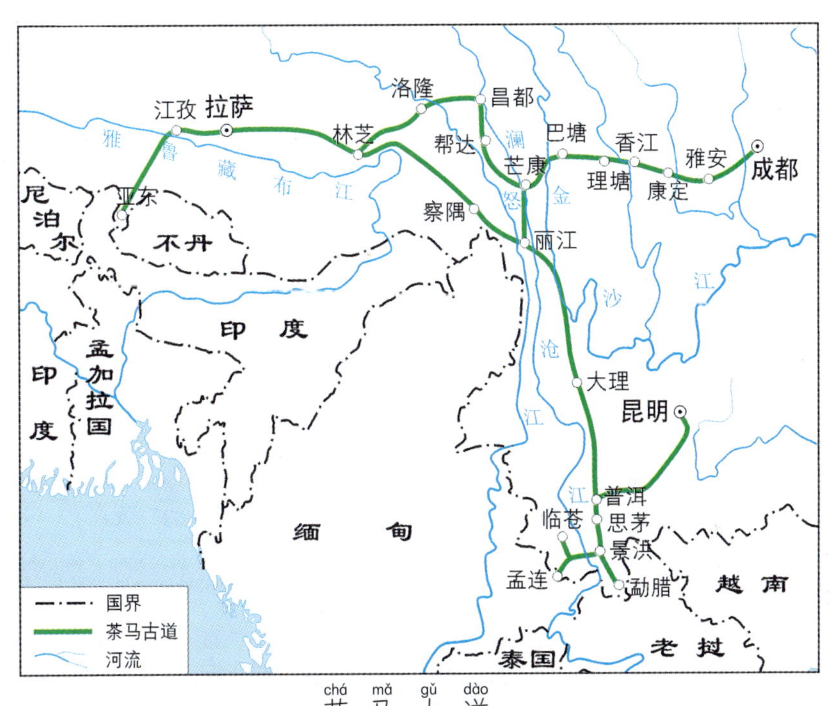

chá mǎ gǔ dào
茶马古道

méi cuò kǎ ěr shū shu shuō dào gēn jù jì zǎi zǎo zài zhàn guó shí
“没错。”卡尔叔叔说道，“根据记载，早在战国时
qī sì chuān de shāng rén jiù yǐ jīng yùn zhe sī chóu děng huò wù zǒu guò yún nán dào
期，四川的商人就已经运着丝绸等货物，走过云南，到
dá dōng nán yà hé yìn dù le dào le hàn dài huáng dì zhī dào le zhè tiáo lù xiàn
达东南亚和印度了。到了汉代，皇帝知道了这条路线，
jiù pài shǐ chén hé jūn duì kāi pì le xī nán sī chóu zhī lù
就派使臣和军队，开辟了西南丝绸之路。

táng dài yǐ hòu chá yè de mào yì duō le qǐ lái wǒ guó xī nán de gǔ
“唐代以后，茶叶的贸易多了起来。我国西南的古

云南马帮

人们，在西南丝绸之路的基础上，开拓出了更多的道路。在这些古老的道路上，商人用茶叶交换云南、西藏的马，东南亚和南亚的毛毡、珠宝、玉器等。但是那里到处都是高山大河，道路十分艰险，人走起来都很困难，更别提运输货物了。于是，就有人把骡子、马组织起来，形成一个马帮。他们把货物都驮在马背上，行走在高山峡谷间，专门做运送的生意。所以现在，我们给这些道路起名叫茶马古道。”

“那为什么要把茶叶做成砖头的样子呢？”洋洋问。

“其实，茶叶的保存很不容易。茶叶容易受潮，发霉，然后变质。解决方法便是将茶叶发酵、晒干、紧压、烘制，做成砖茶。这样一来，就能保存很长时间了。有了这种保存方法以后，茶叶才能运到更远的地方。”卡尔叔叔终于解释了这个问题。

“原来是这样。”洋洋恍然大悟。

“后来，通过陆上丝路和海上丝路两条大道，茶叶传到了西亚和欧洲，出现了著名的英式下午茶。”卡尔

叔叔开始讲述茶在西方的历史，“英式下午茶的历史能追溯到1662年，当时嫁给英王查理二世的葡萄牙公主凯瑟琳，带着她昂贵的嫁妆来到英国，嫁妆中包括221磅红茶和精美的中国茶具。那个时代红茶十分珍贵，价格与银子差不多。新王后高雅的冲泡品饮方法，引得贵族们争相效仿，喝茶迅速流行起来，并成为高贵的象征，而凯瑟琳也被英国人称为‘饮茶皇后’。

“此后，玛丽二世以及安妮女王也都热衷于推广茶文化，举办茶会时，宫内特地布置得颇具中国情调，用屏风、中国茶具、银器及移动式茶几来装饰。

英式下午茶

“后来，到了19世纪40年代，那些贵族太太们享用完午餐后，便为怎么样打发晚餐前的漫长下午而犯愁。一位名叫安娜的公爵夫人灵机一动，发明了喝下午茶这个节目，立刻受到了上流社会的欢迎。贵族们天天以喝下午茶的名义聚在一起，而贵妇们又多了一个展示华美衣饰的机会。从此，喝下午茶就在英国雷打不动地坚持到了今天，英国贵族赋予红茶以优雅的形象及丰富华美的品饮方式，下午茶更被视为社

jiāo de rù mén shí shàng de xiàng zhēng
交的入门、时尚的象征。”

méi xiǎng dào chá yè duì ōu zhōu de yǐng xiǎng yě zhè me dà děng huí jiā le
“没想到茶叶对欧洲的影响也这么大！等回家了，
wǒ yě yào hē yīng shì xià wǔ chá yā ya de yì fān huà rě de dà jiā hā hā
我也要喝英式下午茶！”丫丫的一番话，惹得大家哈哈
dà xiào
大笑。

jiù zài zhè shí chuán cāng wài miàn tū rán xiǎng qǐ le jīng jiào shēng hé jiǎo bù
就在这时，船舱外面突然响起了惊叫声和脚步
shēng zhǐ tīng shuǐ shǒu men bù tíng de hū hǎn dà jiā xiǎo xīn la bào fēng yǔ jiù yào
声。只听水手们不停地呼喊：“大家小心啦！暴风雨就要
lái le
来了！”

dà jiā gǎn máng pǎo chū chuán cāng lái dào jiǎ bǎn shàng zhǐ jiàn tiān kōng zhōng wū
大家赶忙跑出船舱，来到甲板上。只见天空中乌
yún mì bù dà fēng hū xiào bào fēng yǔ jiù zài yǎn qián le nán hǎi yī hào shàng de
云密布，大风呼啸，暴风雨就在眼前了。南海一号上的
chuán gōng lín wēi bú jù gè sī qí zhí yǒu de shōu qǐ fēng fān yǒu de wěn dìng chuán
船工临危不惧，各司其职，有的收起风帆，有的稳定船

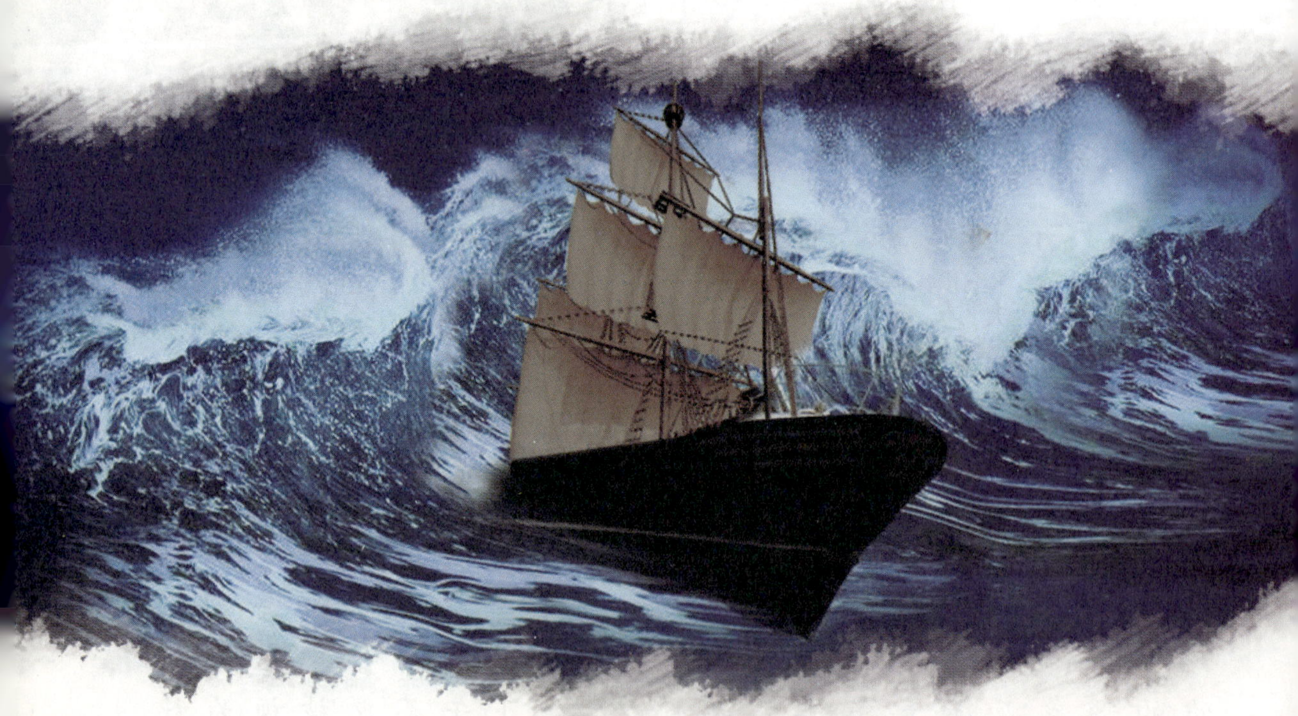

舵，有的固定货物。

突然间一个巨大的波涛涌来，撞到船身时，掀起了十几米高的巨浪。成吨的海水狠狠地砸在甲板上，两名水手直接被冲进了海里，船上的人赶紧给他们扔了两块浮木。海水涌入船舱，好几个舱室都被涨破了。眼看南海一号撑不住了，船长连忙指挥大家弃船转移。

卡尔叔叔见到这个情景，立刻打开时空机，将洋洋和丫丫转移到了南海二号上，又去帮助其他船员。大家终于都安全地转移了。

洋洋看着身后慢慢沉没的南海一号，不禁惋惜道：“这一船的宝贝就这样沉入大海了，好可惜呀！”

“是啊，太可惜了！”卡尔叔叔说，“海上贸易虽然十分繁荣，但是有很多潜在的危险。正是先辈们的大无畏精神，才使这伟大的海上丝绸之路延伸得越来越远，不断繁荣。虽然南海一号沉没了，但到了我们那个时代，人们会有智慧、有能力去打捞、保护这些奇珍异宝的。”

tǎng zài hǎi dǐ bā bǎi nián de
躺在海底八百年的
nán hǎi yī hào
南海一号

nán hǎi yī hào shàng fā jué chū de
南海一号上发掘出的
cí qì
瓷器

kè hòu sī kǎo
课后思考

1. sī chóu zhī lù shàng de chá yè wèi shén me yào zuò chéng zhuān tou de xíng zhuàng
丝绸之路上的茶叶为什么要做成“砖头”的形状？

2. shuí bèi chēng zuò chá shèng wèi shén me
谁被称作“茶圣”？为什么？

第八课 珍贵的香料

南海二号继续向南航行，相继到达了东南亚的几个岛国，船上的商人在那里采购了好几种货物。接着商船转向西方，又经过一段顺利的航行，到达了印度的港口。商人们休整了几天，补充了很多食物和淡水，又买进好多货物。

看着忙进忙出的搬运工人，卡尔叔叔突然问道：“你俩有没有发现，商船这几回买进的货物，有一个相同的特点？”

“相同的特点？它们长得不像啊。”丫丫歪着头思索了起来。

“是不是味道？它们都有很浓的香味！”洋洋用力吸了吸鼻子，大声说道。

“没错，就是香味。给你赞一个！”卡尔叔叔表扬道，“这些都是有香味的调料，被叫作香料。你们看，这袋是丁香，

这袋是肉桂，这袋是豆蔻，还有刚搬上船的胡椒……这些香料在西方十分受欢迎，能卖上大价钱呢！"

"是吗？别的我不太熟悉，可这胡椒不就是平时我们见到的胡椒吗？应该不是很贵吧？"丫丫问。

"在古代可不是这样的。就拿胡椒来说吧，无论是在东方的亚洲，还是在西方的欧洲，胡椒都十分珍贵。"卡尔叔叔解释道，"一千多年前，胡椒在欧洲比黄金还要贵。那时，一个人如果长途旅行，可以选择携带金币，也可以选择携带胡椒。金币花完了，依然可以用胡椒来结账！在我国也类似，跨越千山万水的香料到达中原地区之后，价格非常昂贵，寻常百姓根本用不起。明末之后，海外贸易发达，运到我国的香料越来越多，胡椒等香料才慢慢进入普通人家里。"

丁香

肉桂

豆蔻

白胡椒和黑胡椒

知识链接

胡椒为什么在中世纪的欧洲贵如黄金？

欧洲人把胡椒当成香料。胡椒作为上流社会不可缺少的香料，欧洲本土却不出产，全靠进口。当时印度和东南亚是胡椒的主产地，阿拉伯商人从印度进口胡椒，运到埃及，在埃及批发给意大利人，然后由意大利人转运到威尼斯，在威尼斯批发给各地零售商，再几经转手，才能到达消费者手里。路途遥远，过程复杂，高昂的运费加上中间商的层层加价，胡椒的价格令人咋舌。

“说到胡椒的珍贵，还有一个特别有意思的小故事呢。”卡尔叔叔接着说，“唐朝有个叫元载的宰相，他是个大贪官，被判了死刑。官府去抄他家的时候，不仅搜出了各种金银珠宝，而且还发现了八百石胡椒，震惊全国！你们知道吗？这些胡椒有将近64吨重！”

"这个贪官太坏了，普通人家都用不上，他却贪污这么多。"丫丫说。

卡尔叔叔摸了摸丫丫的头，继续说道："其实呀，胡椒不仅是香料，还是一种药材。据说唐太宗曾经常常腹部胀气，十分难受，在国内找了大量的名医，都没有办法解决。就在这个时候，一名卫士献上了一个药方，叫作'牛奶胡椒方'。神奇的是，唐太宗用了这个药方后，腹胀很快就痊愈了。李时珍了解到这件事情，就把这个药方记录在了《本草纲目》里。"

知识链接

胡椒并不只是用于调味。

欧洲人喜欢在食物快做好的时候加入胡椒，不仅是从味觉的角度上去考虑的，也是从消化的角度上去考虑的。因为欧洲人喜欢吃牛排，整块的肉吃到肚子里，常常难以消化，加入胡椒粉就能够促进肠胃消化食物。胡椒里面有一种成分是胡椒碱，能够去除食物上的腥味、解除油腻，在肠胃中能辅助消化。

加了胡椒的牛排

“没想到这小小的胡椒还有这么多学问呢！”洋洋感叹道。

“这些香料，源源不断地通过丝绸之路运到我国与欧洲，深深地影响了人们的饮食和生活习惯，也深深地影响了许多地方的历史。”卡尔叔叔望着繁忙的港口，神情突然黯淡了下来，“在15世纪末开始的大航海时代，西欧人找到了胡椒的原产地印度，还有丁香、豆蔻、肉桂等香料的原产地东南亚岛屿。为了独占香料生意，荷兰人、葡萄牙人、西班牙人和英国人在这些地方争来抢去，残忍地奴役和杀害当地居民。拥有珍宝，却没有能力守护，当地人经历了很长一段充满血泪的历史。不知道他们会怎么看待这些既带来幸福，又带来厄运的香料。”

tīng wán zhè duàn xiāng liào lì shǐ, yáng yang hé yā ya xīn lǐ dǔ dǔ de, hěn
听完这段香料历史，洋洋和丫丫心里堵堵的，很
cháng yí duàn shí jiān dōu méi yǒu shuō huà. yā ya xiǎo xīn yì yì de zhuā qǐ yì bǎ hú
长一段时间都没有说话。丫丫小心翼翼地抓起一把胡
jiāo, sāi jìn le zì jǐ de bēi bāo lǐ.
椒，塞进了自己的背包里。

kè hòu sī kǎo
课后思考

1 gǔ dài de hú jiāo wèi shén me zhēn guì?
古代的胡椒为什么珍贵？

2 hú jiāo shì rú hé chuán rù wǒ guó yǔ ōu zhōu de?
胡椒是如何传入我国与欧洲的？

第九课　波斯地毯和美酒

经过一段漫长的航行，以及沿途的不断贸易，南海二号终于抵达了目的地——波斯。卡尔叔叔带着洋洋与丫丫，来到了他的好朋友哈立德叔叔家里做客。

卡尔叔叔把携带的瓷器、茶叶、香料等礼物送给了哈立德叔叔。哈立德叔叔十分高兴，热情地招待大家进屋。一进门，洋洋和丫丫就被屋里各式各样的地毯吸引住了眼球。

jīng měi de bō sī dì tǎn
精美的波斯地毯

kǎ ěr shū shu zhè xiē dì tǎn hǎo piào liang ya ài měi de yā ya zàn
“卡尔叔叔，这些地毯好漂亮呀！”爱美的丫丫赞
tàn dào
叹道。

shì de zhè xiē jīng měi de dì tǎn jiù shì zhù míng de bō sī dì tǎn bō
“是的！这些精美的地毯，就是著名的波斯地毯。波
sī shèng chǎn dì tǎn qí lì shǐ zhì shǎo kě yǐ zhuī sù zhì gōng yuán qián shì jì
斯盛产地毯，其历史至少可以追溯至公元前5世纪。”
kǎ ěr shū shu xiào zhe shuō
卡尔叔叔笑着说。

lǎo dì nǐ shuō de tài duì le hā lì dé shū shu jiē shàng le huà chá
“老弟你说得太对了！”哈立德叔叔接上了话茬，
zhè me duō nián lái wǒ men bō sī rén yì zhí chuán chéng zhe zhè mén gǔ lǎo de shǒu
“这么多年来，我们波斯人一直传承着这门古老的手
gōng yì zài zhì zuò dì tǎn de shí hou wǒ men de wén huà xìn yǎng gǎn qíng hé
工艺。在制作地毯的时候，我们的文化、信仰、感情和
gè xìng dōu zhī zài le lǐ miàn qiān nián lái bō sī dì tǎn chū xiàn le wú shù de shè
个性都织在了里面。千年来，波斯地毯出现了无数的设
jì fēng gé sè cǎi zǔ hé hé huā wén tú àn wén míng yú dōng xī fāng bō sī dì
计风格、色彩组合和花纹图案，闻名于东西方。波斯地
tǎn shì wǒ men bō sī yì shù de xiàng zhēng wǒ men guó jiā yě bèi chēng zuò dì tǎn de
毯是我们波斯艺术的象征，我们国家也被称作‘地毯的
guó dù
国度’。”

yáng yang hé yā ya dào chù zǒu lái zǒu qù hào qí de xīn shǎng zhe jīng měi de
洋洋和丫丫到处走来走去，好奇地欣赏着精美的
dì tǎn guān chá zhe bié zhì de mín jū ér zhěng zhěng yí gè xià wǔ kǎ ěr shū shu
地毯，观察着别致的民居。而整整一个下午，卡尔叔叔
dōu zài hé hā lì dé shū shu xù jiù
都在和哈立德叔叔叙旧。

dào le wǎn shang hā lì dé shū shu jiā lǐ zuò le fēng shèng de wǎn yàn dà
到了晚上，哈立德叔叔家里做了丰盛的晚宴，大
jiā biān chī biān liáo shí bù shí chuán chū lái zhèn zhèn huān shēng xiào yǔ
家边吃边聊，时不时传出来阵阵欢声笑语。

kǎ ěr lǎo dì zán liǎ hǎo jiǔ méi zài yì qǐ hē jiǔ le lái lái lái gān
“卡尔老弟，咱俩好久没在一起喝酒了！来来来，干
le zhè bēi pú tao jiǔ hā lì dé shū shu shí fēn háo shuǎng zhāo hū kǎ ěr shū shu
了这杯葡萄酒！”哈立德叔叔十分豪爽，招呼卡尔叔叔
hē jiǔ
喝酒。

gān bēi kǎ ěr shū shu hē le yì kǒu pú tao jiǔ zhēn shì hǎo jiǔ ya
“干杯！”卡尔叔叔喝了一口葡萄酒，“真是好酒呀！”

kǎ ěr shū shu zhè jiǔ hǎo xiàng hěn hǎo hē wǒ gēn yā ya néng hē yì bēi
“卡尔叔叔，这酒好像很好喝，我跟丫丫能喝一杯
ma yáng yang zuǐ chán qǐ lái
吗？”洋洋嘴馋起来。

nà kě bù xíng pú tao jiǔ suī rán hǎo hē dàn shì xiǎo hái zi shì bù néng
“那可不行，葡萄酒虽然好喝，但是小孩子是不能
hē jiǔ de kǎ ěr shū shu xiào zhe shuō dào děng nǐ men zhǎng dà le jiù kě yǐ
喝酒的。”卡尔叔叔笑着说道，“等你们长大了，就可以
hē le
喝了。”

kǎ ěr shū shu nín zhī dào pú
“卡尔叔叔，您知道葡
tao jiǔ shì zěn me zuò de ma wǒ hěn hào
萄酒是怎么做的吗？我很好

奇，以前的人们是怎么想到用葡萄来酿酒的呢？"丫丫开始发问了。

"这个问题，就让哈立德叔叔给大家解释一下吧！"卡尔叔叔说，"哈立德叔叔可是葡萄酒专家！"

"哈哈，小家伙们真是好学！"哈立德叔叔给大家解释道，"说起葡萄酒的起源，其实有很多种传说。很多人都认为葡萄酒起源于我们波斯。相传古代有一位很喜欢吃葡萄的波斯国王，他将葡萄压紧，放在一个密封的大陶罐里。几天以后，他的一位妃子擅自喝了陶罐里的汁水，觉得味道非常好。她立即把这件事告诉了国王，国王喝了之后也觉得味道十分美好。从那以后，国王就派人专门收集成熟的葡萄，放进陶罐里发酵，等着变成诱人的葡萄酒。"

yuán lái shì zhè yàng nà zhōng guó shì shén me shí hou kāi shǐ zhī dào pú tao
“原来是这样，那中国是什么时候开始知道葡萄
jiǔ de ne yā ya yòu wèn
酒的呢？”丫丫又问。

zhè ge ràng wǒ lái gěi nǐ men jiǎng jiang kǎ ěr shū shu hē le yì kǒu pú
“这个让我来给你们讲讲。”卡尔叔叔喝了一口葡
tao jiǔ rán hòu shuō xī hàn zhāng qiān chū shǐ xī yù shí céng jīng kàn dào guò dà
萄酒，然后说，“西汉张骞出使西域时，曾经看到过大
yuān rén hē pú tao jiǔ hòu lái zhāng qiān jiù jiāng pú tao zhǒng pú tao jiǔ děng xī yù
宛人喝葡萄酒。后来张骞就将葡萄种、葡萄酒等西域
tè chǎn dài huí le zhōng yuán suǒ yǐ xī hàn shí zhōng yuán dì qū jiù yǐ jīng zhī dào pú
特产带回了中原。所以西汉时，中原地区就已经知道葡
tao kě yǐ niàng jiǔ bìng kāi shǐ zhòng zhí pú tao le nà xiē niàng jiǔ de gōng jiàng yě
萄可以酿酒，并开始种植葡萄了。那些酿酒的工匠也
lái dào le zhōng yuán zhuān mén zài huáng gōng gěi huáng shì guì zú zhì zuò pú tao jiǔ
来到了中原，专门在皇宫给皇室贵族制作葡萄酒。”

yuán lái shì zhè yàng nǐ men hē jiǔ de bēi zi yě hǎo piào liang yáng yang
“原来是这样。你们喝酒的杯子也好漂亮！”洋洋
zhǐ zhe liǎng wèi shū shu hē jiǔ de bēi zi shuō dào
指着两位叔叔喝酒的杯子说道。

hā hā hā lì dé shū shu dà xiào zhè kě shì zhēn guì de yè guāng bēi
“哈哈！”哈立德叔叔大笑，“这可是珍贵的‘夜光杯’。
nǐ men yuǎn dào ér lái wǒ cái shě de ná chū lái zhāo dài de zhè shì wǒ de tuó duì
你们远道而来，我才舍得拿出来招待的！这是我的驼队
tōng guò sī chóu zhī lù cóng nǐ men zhōng guó yùn guò lái de
通过丝绸之路，从你们中国运过来的。”

知识链接
zhī shi liàn jiē

pú táo měi jiǔ yè guāng bēi
葡萄美酒夜光杯，
yù yǐn pí pá mǎ shàng cuī
欲饮琵琶马上催。
zuì wò shā chǎng jūn mò xiào
醉卧沙场君莫笑，
gǔ lái zhēng zhàn jǐ rén huí
古来征战几人回。

táng wáng hàn liáng zhōu cí
——唐·王翰《凉州词》

“不错，夜光杯是中国出产的。”卡尔叔叔说道，“酒泉是丝绸之路上的名城，那里就盛产夜光杯，然后源源不断地运送到中原与中亚等地。把美酒倒进杯中，放在月光下，酒杯就会闪闪发亮，夜光杯由此而得名。”

“听说你们两个小朋友是专门探访丝绸之路，寻找奇珍异宝的？”哈立德叔叔脸上泛着红光，“既然咱们聊得这么开心，我也送你们一件宝贝吧！”

“啊？真的吗？”丫丫与洋洋都既好奇又兴奋地问道。

课后思考

1 葡萄酒的原产地是哪里？

2 葡萄酒是在什么时期传入我国的？